Und wie viele Blütenblätter hat die Mohnblume? Male entsprechend viele Würfelaugen in Fridolins Kästchen.

Was passiert mit Fridolins Tulpe? Male Würfelaugen in der richtigen Reihenfolge in die Kästchen.

Wie viele Zwerge sehen genau gleich aus? Kreuze die richtige Zahl an.

Sind das zweimal die gleichen
Glockenblumen-Bilder?

Wie viele Unterschiede findest du?
Kreuze die richtige Zahl an.

Fridolins Stiefmütterchen haben drei gelbe und zwei violette Blütenblätter. Gib den Blättern die richtigen Farben und male auch den Rest an.

Wer bekommt welche Stiefmütterchen?
Die Zahl zeigt es immer an. Ein Zwerg
geht leer aus. Welcher?

Gartenzwerg Fridolin schläft auf seiner Wildrose.

Wie viele Blütenblätter, grüne Blätter, Dornen und Hagebutten hat Fridolins Wildrose? Kreise immer die richtige Zahl ein.

	2	5	7	8	10
	1	3	4	7	8
	1	2	6	4	7
	3	1	5	6	4

Male die Felder den Zahlen entsprechend an. Danach weißt du, wie eine Margerite aussieht.

Wie viele Blumen hat Fridolin gepflanzt? Kreise in jeder Reihe so viele Blumen ein, wie es die Zahl anzeigt.

Welche Zahl steht auf dem Blumen-Puzzle? Kreuze die richtige Zahl an.

Male die Zahlen Eins, Zwei, Drei und Vier nach.

Gartenzwerg Fridolin zählt seine Blumen. Kannst du ihm dabei helfen?

$1 + 1 =$

$1 + 2 =$

$2 + 2 =$

3 + = 4
+ 3 = 5
4 + 2 =

1 2 3 4

1
2
3
4

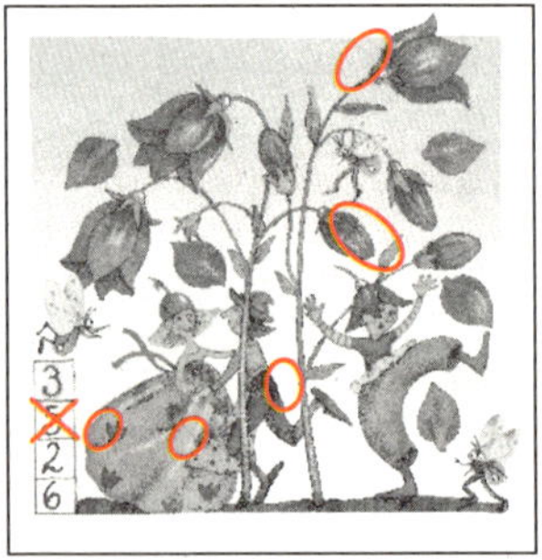
3
5
2
6

2
3
4
5
ROT
1= 2= 3= 4= 5=